LES GUERRIERS ILLUSTRES
AU SERVICE DE LA FRANCE

ÉTUDE HISTORIQUE

Sur Son Excellence

JEAN-ANDRÉ VAN DER MERSCH

CHEVALIER DE L'ORDRE ROYAL ET MILITAIRE DE SAINT-LOUIS
COLONEL DE DRAGONS AU SERVICE DE LA FRANCE
GÉNÉRAL D'ARTILLERIE
GÉNÉRALISSIME, LIEUTENANT GÉNÉRAL DES ARMÉES BELGIQUES EN 1790

PAR

F. DE BARGHON FORT-RION

MEMBRE DE L'INSTITUT ROYAL ET GRAND DUCAL DU LUXEMBOURG
MEMBRE DE LA SOCIÉTÉ DE L'HISTOIRE DE FRANCE, ETC., ETC.

Primus pro Libertate arma corripuit.
(FLOR., lib., 4, cap., 10).

PARIS
LIBRAIRIE GÉNÉRALE
DÉPOT CENTRAL DES ÉDITEURS
72, BOULEVARD HAUSSMANN, ET RUE DU HAVRE
—
1875

LES GUERRIERS ILLUSTRES
AU SERVICE DE LA FRANCE

ÉTUDE HISTORIQUE

Sur Son Excellence

JEAN-ANDRÉ VAN DER MERSCH

CHEVALIER DE L'ORDRE ROYAL ET MILITAIRE DE SAINT-LOUIS
COLONEL DE DRAGONS AU SERVICE DE LA FRANCE
GÉNÉRAL D'ARTILLERIE

GÉNÉRALISSIME, LIEUTENANT GÉNÉRAL DES ARMÉES BELGIQUES EN 1790

PAR

F. DE BARGHON FORT-RION

MEMBRE DE L'INSTITUT ROYAL ET GRAND DUCAL DU LUXEMBOURG
MEMBRE DE LA SOCIÉTÉ DE L'HISTOIRE DE FRANCE, ETC., ETC.

Primus pro Libertate arma corripuit.
(FLOR., lib., 1, cap., 10).

PARIS
LIBRAIRIE GÉNÉRALE
DÉPOT CENTRAL DES ÉDITEURS
72, BOULEVARD HAUSSMANN, ET RUE DU HAVRE

1875

VERSAILLES. — IMPRIMERIE F. DAX

9, rue du Potager, 9

A MON ANCIEN ET EXCELLENT AMI

Frédéric Baron de Reiffenberg

ARRIÈRE-PETIT-FILS DU GÉNÉRAL

Mon cher Frédéric,

Je te dédie ces quelques pages consacrées à la mémoire d'un de tes ancêtres, qui, comme toi, a aimé et servi la France.

Ton berceau est éclairé de souvenirs illustres, et le régiment de Reiffenberg a donné des soldats à nos Rois (1).

Pouvais-je mieux faire que de mettre sous le patronage de ton nom celui du noble et fier guerrier qui a su prévoir, pour la mériter, l'honneur de cette alliance.

F. de Barghon Fort-Rion.

---

(1) Un des plus anciens régiments de France, formé de hallebardiers allemands, il fut créé avant 1553. Devenu Piémont en 1558 quand Henri II réunit les bandes noires du Piémont, il roulait avec Champagne et Navarre et eut le pas en 1761. (Voir, entre autres, l'*Histoire de l'ancienne infanterie française*, par le général Suzanne.)

AVANT-PROPOS

L'opuscule que nous publions aujourd'hui est un juste hommage rendu à un homme célèbre, qui fut légendaire à son heure, et qui mit au service de la France sa vaillante épée.

Nous lui devons de glorieuses conquêtes et peu de nous, sans doute, le savent.

Si le nom de Van der Mersch, si digne de l'histoire, n'a pas survécu à l'éclat qu'il a jeté sur les annales de son pays et du nôtre, c'est que cet homme était froid.

Nous ne vivons en France que de héros de roman; Van der Mersch a été un instant le héros d'un grand drame national, mais il n'a pas su poser.

Introduit tout jeune, avec une éducation solide et virile, à la cour de Louis XV, il avait compris trop tôt ce que valent les frivolités de la gloire.

Mathématicien avant tout, organisateur, tacticien, il obéissait moins au sentiment qu'au raisonnement.

Il savait trop ce que valent les promesses de la renommée pour que la renommée ne lui rendît pas un peu de son dédain.

C'est pour cela que son nom est aujourd'hui moins connu que d'autres qui devraient l'être moins ; mais c'est pour cela aussi que, se redressant sur la cendre de tant de noms éphémères, il doit être plus justement apprécié puisqu'il représente, au siècle passé, le génie militaire du siècle présent.

LES GUERRIERS ILLUSTRES

AU SERVICE DE LA FRANCE

JEAN-ANDRÉ VAN DER MERSCH

I

Jean André Van der Mersch, issu d'une famille ancienne et distinguée de Flandre (1), naquit à Menin le 10 février 1734. Après avoir fait de brillantes études pendant lesquelles son goût prononcé pour la géographie et les mathématiques l'avait fait remarquer, il fut incorporé en qualité de cadet au régiment de La Marck au service de la France, régiment dont le colonel était lié avec sa famille, et qui faisait partie du corps d'armée de Chevert.

On était alors au beau milieu de cette lutte européenne dite la guerre de *sept ans*, dans laquelle la France mar-

---

(1) Ses armes sont d'or, à la bande de gueule, accompagnée d'un dragon et d'une couleuvre de sable, dans le sens de la bande. Cimier, un buste de pandour armé; supports : à droite, un homme sauvage de carnation ; à gauche, un lion couché, d'or. — Trophées de guerre, drapeaux, canons, etc.

chait unie à l'Autriche contre le roi de Prusse. Les sanglantes campagnes de cette guerre fournirent au jeune Van der Mersch de nombreuses occasions de signaler son courage, car bientôt il ne fut plus connu de tous que sous le nom de *brave Flamand*, que lui donna Chevert qui l'avait pris en admiration. Toujours au fort de la mêlée, le jeune cadet avait reçu quatorze blessures, dont cinq à la tête, ce qui attira sur lui l'attention du prince de Soubise qui le fit nommer lieutenant.

II

Voyant son mérite apprécié et la fortune lui sourire, le jeune officier n'eut garde de s'arrêter en si bon chemin : plein de ce tact et de cette finesse qui n'excluent pas la loyauté, il sollicita et reçut quelque temps après le commandement de corps assez considérables de partisans. Ce fut dès lors un de ces étrangers qui honorèrent leur pays en servant la France avec dévouement.

« Petit ! lui dit un jour M. de Chevert en lui frappant sur l'épaule, je voudrais avoir ton âge, ton coup-d'œil et ton coup d'épée. »

Unissant la prudence à l'intrépidité, Van der Mersch se montra digne de la confiance qu'on lui avait accordée. Ses premiers faits d'armes furent la prise du château d'Arensberg en 1759, celle de Hesse-Cassel où l'artillerie et les munitions, des vivres et un grand nombre de prisonniers tombèrent dans ses mains en 1761, et enfin l'attaque inopinée du village de Bozenval, dans lequel il s'empara de plusieurs pièces de canon et fit mettre bas les armes à 1,200 hommes. Ces hardis coups de mains avaient décidé le gain des combats de Warle et d'Hexter et bientôt il ne fut bruit que de lui. Le maréchal de Broglie se le fit présenter, le complimenta et il fut nommé, ce qui était justice, chevalier de l'ordre royal et militaire de Saint Louis. Ce ne fut pas tout; chose inouïe pour l'époque où l'avancement était si lent et si difficile, Van der Mersch, malgré sa qualité d'étranger, reçut la commission de lieutenant-colonel de dragons, dans une armée riche de noms illustres où il avait débuté, comme volontaire, trois ans auparavant.

III

La faveur exceptionnelle dont Van der Mersch fut l'objet, à l'âge de 28 ans, semble démentir l'assertion de M. le baron de Stassart, qui assure que diverses injustices qu'on lui fit subir déterminèrent le jeune colonel à quitter le service de la France pour aller combattre sous les drapeaux autrichiens en 1778.

Cette assertion, facile à réfuter, car, en 1778, Van der Mersch avait été désigné comme général d'artillerie par le gouvernement français, laisse à l'historien le droit de penser qu'il céda plutôt, en faisant cette démarche, aux instances du comte de Wurmser qui, ayant reconnu sa valeur pendant la guerre de sept ans, fit tous ses efforts pour l'attirer en Autriche.

Wurmser, qui se connaissait en hommes, avait compris aisément tout le parti qu'on pouvait tirer d'un sujet aussi brave et aussi intrépide que Vander Mersch pendant la guerre qui se préparait entre Frédéric II et Marie-Thérèse. Ne prenant conseil que de son admiration pour le *brave Flamand*, Wurmser lui fit de belles promesses. Il l'assura, au nom de sa souveraine maîtresse l'impératrice, qu'il serait nommé général Major, du jour où il s'enrôlerait sous les drapeaux autrichiens. Van der Mersch céda, quitta l'armée française et se hâta d'arriver à Vienne plein d'enthousiasme et de joie. Mais quelle ne fut pas sa déception quand, malgré ses trop justes réclamations et l'étrange protection de Wurmser, il ne put obtenir que le rang de colonel.

IV

Trop fier pour revenir en France solliciter une position militaire à laquelle il avait renoncé volontairement, il fit contre mauvaise fortune bon cœur et, dissimulant son dépit, il se résigna à accepter le commandement d'un régiment de cavalerie espérant bien qu'on ne tarderait pas à lui rendre justice et que la guerre ne lui laisserait pas manquer d'occasions de se signaler de nouveau.

Pendant la courte expédition de Silésie qui mit fin à la guerre de la succession de Bavière (1779), Van der Mersch se rendit maître d'Habelschwert et de Graffenort. Il crut que ses succès lui vaudraient, à coup sûr, le rang de général; mais, après la paix signée à Teschen le 13 mai, voyant qu'on lui refusait l'avancement que lui avaient mérité ses deux beaux faits d'armes, il demanda sa démission et se retira dans ses foyers avec le brevet *et la pension* de colonel en retraite.

V

On dit qu'il eut alors la pensée d'aller offrir ses services à Washington et de prendre part à la guerre de l'indépendance du Nouveau-Monde, où Lafayette et Rochambeau avaient entraîné une foule de jeunes gentilshommes enthousiastes, la plupart ses anciens camarades, et, sans une circonstance fortuite, nul doute que, avec ses goûts prononcés pour la vie militaire et ses aventures, Van der Mersch n'eût mis ce projet à exécution. Mais il rencontra alors chez des amis communs une jeune fille d'une grande beauté : Mlle Emerance Telling ou O'Telling, issue d'une ancienne famille Irlandaise qui s'était réfugiée en Flandre pour cause de religion.

Epris de Mlle Telling, Van der Mersch sollicita et obtint sa main et, renonçant ou plutôt croyant renoncer à la vie militaire, il alla vivre paisiblement dans sa terre de Dadizeele, près de Menin, partageant ses loisirs entre l'éducation de ses enfants et les soins de l'agriculture (1).

---

(1) *Sa fille Nathalie Van der Mersch épousa Messire Lambert-Henri-François* FRANTZEN, *adjudant général au service de la France, dont la*

La Révolution française venait de déclarer une guerre ouverte à la Monarchie et de proclamer *les droits de l'homme*. A l'Assemblée des notables avait succédé la convocation des Etats-Généraux, et l'infortuné Louis XVI, doué des plus pures intentions, s'efforçait, mais vainement, de combattre, par des concessions, le mouvement révolutionnaire. Pendant que des ambitieux et des doctrinaires soulevaient en France les orages qui grondaient à leurs côtés, l'empereur Joseph II provoquait, de son chef, l'agitation dans les Pays-Bas par des innovations trop brusques. Ce prince, tout le contraste de sa mère Marie-Thérèse, qui se montra si prudente et si habile dans ses réformes, impatient de mettre à l'application les théories nouvelles, prétendit changer à la fois les institutions et les mœurs de la Belgique.

« Assurément, dit M. Th. Juste dans son *Précis d'histoire moderne*, les institutions de la Belgique n'étaient pas parfaites ; mais, avant de les corriger et de les améliorer, il aurait fallu le consentement de la nation, il aurait fallu aussi préparer l'opinion publique. »

---

famille avait été admise dans la noblesse des Pays-Bas par lettres patentes de Marie-Thérèse. Une fille née de ce mariage épousa en 1827 M. le baron F. A. F. T. DE REIFFENBERG, *savant universellement connu, membre de notre Institut de France, qui, avant de revêtir la toge, porta l'épée comme tous les siens et mourut le 18 avril 1850, laissant deux fils.*

Un frère de la baronne de Reiffenberg, mort à Bruxelles le 9 janvier 1870, était colonel de cavalerie, aide-de-camp faisant fonctions de Grand Ecuyer de S. M. le Roi des Belges. Sa dernière sœur, mademoiselle Athalie Frantzen, habite aujourd'hui seule le domaine de Corbeeck-Loo, près de Louvain, dont elle est propriétaire.

VI

Ce n'est pas ce que fit Joseph II, ami de ce qu'on appelait alors les philosophes et adversaire systématique du clergé, il déclara du jour au lendemain la guerre aux institutions belges et ses premières attaques furent dirigées contre l'Eglise dont l'indépendance l'offusquait.

Il commença donc ses réformes par supprimer les monastères, abrogea l'appel au Pape, soumit à la censure du gouvernement les mandements épiscopaux et acheva son œuvre en instituant un séminaire général à Louvain et un séminaire filial à Luxemboug, en 1786, pour remplacer les séminaires diocésains.

Loin de s'arrêter à ce premier essai de réforme, Joseph II, qui n'alliait pas toujours à ses idées philosophiques une connaissance exacte des hommes et des choses, bouleversa, à son tour, l'ordre administratif et judiciaire, et prétendit fortifier l'administration supérieure par la fusion, en un seul corps, de divers conseils auxiliaires du gouvernement et il supprima, par un édit, les tribunaux existants sans avoir consulté le pays. L'édit impérial portait qu'à l'avenir trois degrés uniques de juridiction seraient établis : la première instance, l'instance d'appel et l'instance de révision.

Cette nouvelle organisation était, sans doute, préférable à l'ancienne, mais l'Empereur agit trop à la légère en cette circonstance, il mécontenta les esprits et indisposa tout-à-fait les populations contre lui, lorsqu'il supprima, en 1787, les anciennes autorités provinciales et qu'il divisa la Belgique en neuf cercles qui devaient être administrés par des intendants.

Tous ces décrets de Joseph II, maladroitement promulgués et coup sur coup, provoquèrent la plus énergique résistance. Les pamphlets coururent contre les conseillers auliques, et contre l'empereur lui-même, bientôt des drapeaux et cocardes furent arborés, des uniformes et des armes distribués aux volontaires qui s'organisaient et enfin, le 19 avril 1787, les Etats de Brabant déclarèrent qu'ils interdiraient la levée des impôts, si l'on refusait d'observer la constitution.

VII

Pendant ce temps, Van der Mersch, toujours retiré à la campagne, suivait, mais sans s'y associer, ce mouvement national qui lui offrait pourtant une occasion de se venger des Autrichiens auxquels il avait gardé rancune parce qu'ils n'avaient pas su dignement récompenser ses services.

Il avait compris que cette insurrection, facile à calmer dès son début par la voie des conciliations, allait prendre les proportions les plus effrayantes grâce à l'opiniâtreté de l'Empereur qui se montrait inflexible. Ses prévisions ne le trompèrent pas, car de nouvelles fautes vinrent exciter la haine du peuple qu'il était dès lors impossible de réconcilier avec la domination autrichienne. Les choses en arrivèrent bientôt à la dernière extrémité. Joseph II, outré de la résistance énergique du peuple qui s'opposa les armes à la main à la suppression des séminaires épiscopaux d'Anvers et de Malines, et des manifestations incessantes, eut l'imprudence de casser les Etats de Hainaut, qui réclamaient contre la destitution de leur grand bailli le duc d'Aremberg, et d'annuler les priviléges de cette province. Il fit plus, il demanda impérieusement à l'Assemblée provinciale du Brabant la suppression provisoire du Tiers-Etat, la concession d'un subside perpétuel, la libre promulgation des lois, et l'établissement de la nouvelle organisation judiciaire (Th. Juste, *Hist. moderne*).

L'Assemblée, loin de se laisser intimider par les menaces de l'Empereur, repoussa les exigences despotiques d'un souverain qui jouait au libéralisme et qui, par un diplôme du 18 juin 1789, annulait le pacte inaugural dit La Joyeuse-Entrée. Le peuple belge, voyant qu'on substituait le régime du bon plaisir à ses priviléges, en faveur de ces mêmes priviléges, décréta la déchéance du fils de Marie-Thérèse qui légalisait ainsi l'insurrection, car il était dit dans un article de la Joyeuse-Entrée du Brabant que le peuple se trouvait délié du serment d'obéissance envers le souverain qui violait la constitution.

Alors éclata cette belle Révolution belge que n'annonçait ni désordre, ni déchirement, ni destruction et dans laquelle, selon l'expression de Dumouriez, les trois ordres de la nation étaient réunis dans le même esprit de liberté.

Un gouvernement s'était formé, van der Noot et Vonck qui étaient à la tête du mouvement de l'indépendance préparaient une Révolution vraiment nationale. Tandis que Van der Noot, nommé agent du peuple brabançon, allait solliciter la protection du cabinet de Berlin qui lui faisait entrevoir les plus belles espérances, Vonck, chef des démocrates, qui avait créé l'association *pro aris et focis*, conseilla l'émigration et attira bientôt un assez grand nombre de mécontents sur les frontières de la Campine. Cette troupe, menacée par les troupes autrichiennes, fut contrainte de se réfugier à Breda où se tenait, sous la protection hollandaise, un comité diplomatique composé de Van der Noot, des abbés de Tongerloo et de Van Eupen, grand pénitencier de l'église d'Anvers et véritable chef du parti conservateur.

VIII

Le Comité n'accueillit d'abord que froidement Vonck et les patriotes qu'il amenait, il voulait attendre les secours promis par la Prusse sur la loyauté de laquelle il comptait ; mais il finit par céder à l'entraînement général. A l'instigation de Vonck, homme entraînant et audacieux, il hâta l'organisation des volontaires. Des cadres furent dressés, les officiers nommés ; mais il manquait un général capable de discipliner et de conduire cette armée improvisée. On jeta les yeux sur Van der Mersch dont la réputation d'honneur et de courage était une garantie et que le peuple aimait beaucoup comme il aime en général tout homme qui porte un passé glorieux.

Van der Mersch, d'ailleurs, était l'homme essentiel de la situation, brave, stratégiste consommé et de plus organisateur, il joignait encore à ces avantages celui d'avoir commandé en France des corps de partisans.

Le Comité lui fit donc des ouvertures et lui écrivit une lettre par laquelle il engageait le Cincinnatus de Dadizeele à quitter sa charrue pour venir coopérer à la délivrance de son pays. On lui offrait en même temps le commandement en chef de l'armée nationale toute prête, toute organisée et qui n'attendait que son arrivée pour marcher contre les impériaux.

A l'appel du Comité, Van der Mersch quitta ses champs et se rendit immédiatement à Bréda pour se mettre à sa disposition.

« J'accepte, dit-il aux chefs du gouvernement, le commandement que vous m'avez fait l'honneur de me remettre, je saurai me rendre digne de votre confiance ; je vous apporte avec une épée, qui n'est pas vierge, une expérience qui n'est pas neuve; mais, ajouta-t-il, je désirerais avant, que les abbés de Saint-Bernard et de Tongerloo me garantissent une somme de deux cent mille florins, chiffre équivalant à ma fortune, car vous n'ignorez pas que, en cas de non réussite, mes biens seront confisqués par l'Empereur, que je serai proscrit et que ma famille sera réduite à la misère. »

Il serait injuste de considérer cet acte de prudence de Van der Mersch comme un acte d'indélicatesse, et cependant les chefs du gouvernement qui firent droit à cette réclame ne manquèrent pas, quand ils crurent n'avoir plus besoin de lui, de se servir de ce prétexte pour l'accuser d'égoïsme.

Mais pour l'instant ni Van der Noot, ni le grand pénitencier Van Eupen, ne firent rien paraître du peu de sympathie qu'ils ressentaient déjà pour Van der Mersch, qui, comme l'assure la *Biographie Michaud* professait des principes opposés aux leurs. Ils acquiescèrent donc à sa demande et les deux-cent mille florins furent hypothéqués sur les domaines que les deux abbés de Saint-Bernard et de Tongerloo possédaient en Hollande. Comptant toujours sur les promesses de bouche faites par le ministre prussien Hertzberg, qui avait dit formellement à Van der Noot que, si la Belgique faisait sa Révolution, Frédéric-Guillaume II reconnaîtrait son indépendance, des membres du Comité pensèrent qu'ils seraient bientôt à même de remercier Van der Mersch, toutefois, comme le temps pressait et qu'il fallait se montrer, ils flattèrent le vieil officier général et lui donnèrent tous les pouvoirs pour prendre possession de son poste de généralissime.

IX

Quel ne fut pas le désappointement de Van der Mersch quand, au lieu d'une armée prête à marcher, il se trouva vis-à-vis d'un ramassis d'aventuriers aussi mal vêtus qu'indisciplinés. Il n'était plus temps de reculer, Van der Mersch se mit donc chaudement à l'œuvre et, aidé d'un officier intelligent, M. Dinne, il finit par organiser en quelques jours un corps de 3,000 hommes avec lequel il devait arrêter les Autrichiens.

Le 24 octobre 1789, le Comité fit proclamer solennellement la déchéance de Joseph II comme duc de Brabant, et le même jour, l'invasion fut décidée. Le 26, Van der Mersch se porta avec ses volontaires, à la rencontre des Impériaux commandés par Schroeder qui s'avançaient bien supérieurs en nombre à ses 3,000 hommes mal équipés, mais qu'il avait su électriser par son attitude héroïque.

Ayant aperçu à Hoogstraten l'ennemi qui s'avançait en bon ordre, il s'élança l'épée à la main, et, s'adressant à la troupe que son exemple entraînait, il s'écria : « Soldats, rappelez-vous qu'il faut aujourd'hui vaincre ou mourir pour la liberté. » Dès ce moment la victoire était assurée.

Après le premier succès au bourg d'Hoogstraten, Van der Mersch, en habile tacticien, su les attirer à Turnhout où il les chargea avec impétuosité et les mit en déroute en s'emparant de toute leur artillerie le 27 octobre. Ce fut une bonne fortune pour le généralissime que les pièces autrichiennes que la victoire faisait tomber si à-propos entre ses mains, car son armée ne possédait pas une bouche à feu. Aussi intrépide soldat qu'organisateur intelligent, Van der Mersch se hâta de former des compagnies de canonniers avec le matériel de l'artillerie impériale, et montra ce rare talent des grands capitaines, qui consiste à savoir compléter une armée tout en la conduisant au feu. Au bruit de la victoire inespérée de Turnhout, la Belgique entière se souleva contre la domination de Joseph II, et pendant que les députés des provinces tâchaient de se réunir pour jeter les fondements d'une confédération générale, Van der Mersch, sans donner le temps aux Impériaux de se reconnaître, les poussa, l'épée dans les reins, jusque dans la Campine, tandis qu'un de ses corps détachés entrait de vive force à Gand. Puis sans perdre les avantages que lui donnaient ses succès et travaillant sans arrière-pensée pour les intérêts de son pays, il favorisa par d'habiles manœuvres le soulèvement en Flandre, en Brabant, s'empara des places de Diest, de Leau, de Tirlemont et menaça Louvain. D'Alton, un autre général autrichien, marcha contre lui; mais, pressé par les Flamands, et ne voulant pas risquer une bataille qui, s'il l'avait perdue, ne lui aurait laissé aucun espoir de retraite, il aima mieux conclure avec Van der Mersch un armistice de dix jours.

D'Alton se flattait de tourner, dans cet intervalle, ses forces contre la Flandre; mais tout retard devenait fatal, car Van der Mersch eut encore l'habileté d'employer ses dix jours de suspension d'armes à augmenter ses troupes en y incorporant les volontaires qui venaient le rejoindre de tous côtés. (Voy. *Hist. de la maison d'Autriche. T. V.*)

Quand Bruxelles fut évacué par suite d'un soulèvement général le 12 décembre, Van der Mersch se porta en avant et fit son entrée à Namur le 17, et poussa ses avant-postes jusqu'à Saint-Hubert dans la province de Luxembourg.

X

Ici se présente un point sur lequel les biographes de Van der Mersch, qui se sont copiés servilement, ne se sont pas arrêtés, et que nous regrettons de ne pas trouver non plus dans l'article que lui a consacré M. le baron de Stassart, plus à même peut-être qu'eux tous d'apprécier ce noble caractère. Nous voulons parler de sa loyauté qui le porta sans cesse, dès le début de la guerre, à se tenir dans une position secondaire et passive, lui qui, avec son tact, son habileté, sa popularité et, disons-le, la supériorité qu'il avait sur les membres du Comité, pouvait si facilement jouer le premier rôle et peut-être le rôle unique dans la direction de la Révolution belge. Modeste jusqu'à la naïveté comme tous les hommes réellement grands, lui seul ne s'aperçut pas de cette supériorité innée que ne lui pardonnèrent pas les médiocrités jalouses. Van der Mersch pouvait être le Washington de la Belgique, il se contenta de jouer le rôle de chef d'armée d'un Comité qui n'était pas à la hauteur de la mission qu'il s'était donnée.

Tout à son œuvre de soldat dévoué, il ne s'arrêta pas à la pensée qu'il serait bientôt l'objet de la haine du Comité auquel il portait ombrage par sa valeur morale et sa popularité, comme il était le point de mire de l'ennemi qui redoutait ses talents militaires. Seul capable de diriger le mouvement belge et de le mener surtout à bonne fin, il grandit en s'effaçant, mais en s'effaçant trop parce qu'il n'avait ni l'intrigue, ni l'ambition d'un dictateur. La meilleure preuve, c'est qu'il ne flatta personne et qu'il ne chercha jamais à se créer un parti pendant que le rusé Van Eupen travaillait à le perdre dans l'esprit du peuple.

Au milieu de ses succès il ne s'arrêta pas même au soupçon qu'il pourrait être brisé malgré sa gloire, et ce fut une faute qu'il reconnut trop tard quand, après son échec de Nassogne où ses troupes l'abandonnèrent, Van der Mersch, qui avait été l'idole du peuple, se trouva tout à coup en butte aux plus noires accusations. Néanmoins, confiant dans la pureté de ses intentions et de sa conduite, Van der Mersch, rassemblant les débris de ses troupes qui lui étaient restées fidèles, se replia sur Namur où il établit son quartier général, résolu *d'attendre les événements* qui prirent une tournure déplorable.

XI

Joseph II était mort sans avoir pu dompter la révolution belge, laissant la monarchie ébranlée à son frère Léopold, grand-duc de Toscane. Mais l'Assemblée souveraine dite le Congrès, qui avait remplacé le Comité depuis l'acte d'union, ne sut pas profiter des circonstances, et les membres sacrifièrent le salut commun à des querelles intestines. Ils se partagèrent en deux camps : les conservateurs et les progressistes, c'est-à-dire en Statistes et en Vonckistes. Les premiers voulaient le maintien intact de l'ancienne constitution, défendre tous les priviléges ; les Vonckistes demandaient un nouveau système représentatif en harmonie avec les progrès de l'époque.

Les conservateurs, qui avaient la majorité pour eux, comptaient dans leurs rangs, les membres des Etats provinciaux, la plupart des familles patriciennes des villes, presque tout le clergé dont l'influence était grande ; mais son appui résidait surtout dans les classes inférieures et les moins éclairées. Les Vonckistes composaient donc la minorité, mais une redoutable minorité, car ils avaient pour eux, outre Van der Mersch et ses officiers, les représentants de la haute aristocratie, les princes d'Aremberg, le duc d'Ursel, les gens de loi et les publicistes ; elle représentait, en un mot, les idées de la classe moyenne. Par malheur il se trouva entre les Vonckistes des excessifs dont la conduite imprudente provoqua la colère des conservateurs, et l'archevêque de Malines commença l'attaque en flétrissant, dans un mandement célèbre, tous les disciples d'une vaine philosophie. Il n'en fallut pas davantage pour exciter les passions contre les progressistes (1). Van der Mersch ne fut pas épargné, on blâma le général de ce qu'il n'avait pas poussé assez vigoureusement ses succès, et lui, avec plus de raison,

(1) Toujours infatué de ses prétendus succès diplomatiques, Van der Noot se laissa tromper par le juif Ephraim, agent prussien, décoré du titre de conseiller intime de S. M.
Le Congrès souverain accueillit avec honneur ce personnage hétéroclite, dont la mission se bornait à faire une étude de la situation pour le cabinet de Berlin.
Ce fut ce cauteleux israélite qui, voyant éclater une mésintelligence entre le Congrès et Van der Mersch, présenta le général Schœnfeld, autre agent prussien dont l'arrivée, disait-il, devait être un nouveau gage de l'intérêt que S. M. prussienne portait à la République naissante. — Voir l'ouvrage du baron de Stassart.

se plaignit de la négligence qu'on mettait à pourvoir aux besoins de l'armée. Il crut par sa présence à Bruxelles pouvoir confondre les accusations injustes du Congrès; mais les ovations dont il fut l'objet de la part des Vonckistes ne firent qu'irriter ses ennemis qui, le craignant encore néanmoins, usèrent de ménagements afin de le perdre *à coup sûr*.

XII

On le nomma d'abord Feld-Teugmeistre (général d'artillerie), et les promesses ne lui furent pas épargnées; mais il ne tarda guère à s'apercevoir que le Congrès n'en réaliserait aucune. D'une autre part, le cabinet de Berlin, qui voulait diriger la révolution de Belgique selon ses propres intérêts et s'en faire une arme contre la cour de Vienne, eut l'adresse de faire agréer au Congrès les services d'un général prussien, Schoenfeld, et dès cet instant la perte de Van der Mersch fut résolue. On l'accusa de haute trahison, on dit qu'il avait adopté les plans de l'avocat Vonck, du duc d'Ursel et du comte de la Mark, pour substituer à la puissance des moines et de la noblesse dans le gouvernement Belge les principes adoptés en France par l'Assemblée nationale, on alla jusqu'à lui reprocher de n'avoir pas précédemment repoussé les propositions du comte Philippe de Cobenzl, tendantes à terminer par un arrangement tout pacifique les différends élevés entre l'Empereur et les Etats. (Voir l'article du baron de Stassart.)

Pendant ce temps, le prussien Schœnfeld qui, sous le prétexte d'accélérer la reddition de la citadelle d'Anvers, avait rassemblé 7,000 hommes, reçut l'ordre de marcher sur Namur afin d'intimider Van der Mersch dont on voulait se défaire. Van der Mersch, en voyant s'avancer les troupes du Congrès commandés par un étranger, fit bonne contenance; mais les deux armées qui s'étaient rencontrées le 6 avril 1790 n'en vinrent pas aux prises. Abandonné d'une partie de ses officiers gagnés par ses ennemis, Van der Mersch se laissa prendre à de belles paroles, et, le 8 avril, il se présenta à Bruxelles devant le Congrès pour y expliquer sa conduite.

« Je viens, dit-il, libre et de mon plein gré, me justifier
» des atroces accusations lancées contre moi, et présenter
» ma tête à la nation pour garant de ma fidélité ; qu'elle
» tombe si je suis coupable ; mais aussi j'attends une réparation
» éclatante si l'on ne peut me *convaincre de crime.* »

XIII

Au lieu d'apprécier d'aussi nobles paroles et de se souvenir des services que Van der Mersch venait de rendre à son pays, le Congrès, n'écoutant que son ressentiment, fit saisir le général qui fut sur-le-champ conduit à la porte de Hal, dans le donjon qui sert aujourd'hui de musée d'artillerie, puis le fit transférer, sans qu'il eût été jugé, dans la citadelle d'Anvers, le 14 avril.

Madame Van der Mersch obtint à grand' peine l'honneur de partager la captivité de son époux, qui ne quitta la citadelle que pour être détenu dans le couvent des Alexiens de la ville de Louvain.

Le procédé violent et illégal qu'on employait envers le général, qui demandait à se justifier, et qu'on incarcérait sans vouloir l'entendre, lui ramena une foule de gens qui l'avaient abandonné. Les masses commençaient à dire hautement que le Congrès agissait avec arbitraire, et quelques-uns des officiers qui avaient servi sous ses ordres, s'unissant à leurs anciens soldats, formèrent le projet de délivrer leur généralissime.

Prévenu à temps de ce qui se passait et craignant un soulèvement ou des troubles, le Congrès résolut de se débarrasser, par l'extradition, d'un personnage qu'il devenait dangereux de garder plus longtemps en chartre privée, parce qu'on n'avait pas de raisons assez graves pour lui faire un procès.

Une nuit donc le commandant de place de Louvain, qui avait reçu des ordres, vint enlever de force le général et le fit partir secrètement pour Tournai.

Il était temps, l'opinion publique, nous l'avons dit, était revenue à lui. Elle eut des manifestations éclatantes. Le peuple, dont les revirements étranges ne s'expliquent que par la mobilité de ses sensations, ne lui ménagea pas les ovations. On s'attela à sa voiture, partout sur son passage ce fut un enthousiasme indescriptible. Dans toutes les villes qu'il traversa il fut fêté, on acclama le vainqueur de Turnhout, le généreux soldat méconnu, on improvisa des vers en son honneur (1), on répandit son portrait où il est presque toujours représenté en héros légendaire.

Nous avons eu sous les yeux la plupart de ces estampes. L'une des plus curieuses, dessinée d'après nature, est gravée à Paris, chez Bance, rue Séverin, n° 25.

Elle représente le buste de Van der Mersch en bronze supporté par un piédestal au-dessous duquel sont des trophées, des canons entourant le lion belge dans son écu. Autour du buste des rayons de soleil et au-dessus de la tête du héros, au milieu de l'auréole de gloire, une couronne de laurier. On lit au bas :

Van der Mersch, lieutenant-général de l'armée Belgique.

Une autre où il est représenté à cheval, l'épée à la main, dominant un champ de bataille en miniature et coiffé de ce fameux chapeau dont le modèle remonte à Frédéric II et que Napoléon Ier n'a fait qu'imiter, porte au bas ces mots :

Vaincre ou mourir pour la liberté.

Son Excellence J. A. Van der Mersch,

Général d'artillerie au service des États Belgiques, catholique, apostolique, romain.

(1 Voir aux pièces justificatives.

Le portrait de Van der Mersch que nous publions en tête de notre travail est tiré d'un cuivre original ; il n'a pas seulement l'avantage de reproduire une gravure du temps ; nous l'avons choisi parce qu'il nous a paru se rapprocher le plus des portraits authentiques à l'huile conservés dans la famille du grand général.

XIV

Les tribulations du général étaient à leur terme. Van der Mersch, mis en liberté à l'approche des armées autrichiennes, gagna le territoire français, pendant que l'armée nationale belge mise sous le commandement du général Schœnfeld, agent du gouvernement prussien, était battue dans plusieurs rencontres et se voyait contrainte de repasser honteusement la Meuse en abandonnnant aux Impériaux les canons que Van der Mersch leur avait conquis (1).

Van der Mersch arriva à Lille dans les premiers jours de décembre 1791, la France, qui se ressouvenait encore du brave Flamand, lui fit des ovations qui le vengèrent des injustices du Congrès.

Le dimanche 12 décembre, assistant à une représentation au théâtre de Lille, il se vit acclamé par toute l'assistance et on lui récita les vers suivants qui furent distribués à profusion :

---

(1) Dans le même hiver la Révolution Belgique fut terminée. Les Pays-Bas furent reconquis avec la plus grande facilité. Le général Schœnfeld n'y mit pas le moindre obstacle et alla bientôt recevoir du roi de Prusse la récompense de sa conduite. Mémoires de Dumouriez, liv. III, chap. IV.

> Par de lâches ingrats outragé, mis aux fers,
> Van der Mersch augmenta sa gloire sans combattre ;
> Sa stoïque vertu, que rien ne put abattre,
> Supporta fièrement les plus tristes revers.
> Français, soyez frappés d'un si rare courage ;
> Retenez parmi vous l'exemple d'un guerrier
> Qui sut vaincre en héros, se résigner en sage,
> Employer mieux son cœur que pour un vain laurier...
> Oui, qu'à la liberté sur la terre où nous sommes
> Van der Mersch serve aussi de vengeur ou d'appui !
> Le sort l'amène ici, pour qu'il trouve des hommes
> Dignes de l'admirer, d'être heureux avec lui.

Citons encore ici le quatrain imprimé au bas d'un de ses portraits et reproduit avec d'autres vers sur des feuilles volantes destinées à être répandues :

> Carthage en Annibal eut un chef héroïque,
> Rome eut dans Fabius un guerrier politique,
> Washington surpassa ces deux chefs à la fois,
> Et Van der Mersch ici nous les offre tous trois.

XV

On assure que, pendant le séjour que Van der Mersch fit à Lille, le vicomte de Walakiers son ami vint le trouver de la part du gouvernement français qui lui faisait offrir le grade de maréchal de camp. M. de Walakiers le pressa d'accepter une faveur qui honorait également, disait-il, et l'homme qui en était l'objet et le pays qui la proposait.

Le vieux général répondit par un refus : « C'en est fait, ajouta-t-il, j'ai remis pour jamais au fourreau l'épée que j'avais consacrée à la défense de ma patrie redevenue libre ! » Depuis lors Van der Mersch vécut retiré, passant ses jours à rassembler les matériaux nécessaires à la rédaction de son *Mémoire historique et pièces justificatives*, que publia, en 1791, son ancien officier d'ordonnance, M. Dinne, qui, devenu lieutenant-colonel au service de la République française, fut tué dans la Vendée en 1793.

Quand Van der Mersch eut acquis la certitude que le gouvernement autrichien ne l'inquiéterait plus, il s'empressa de revenir dans sa patrie, dont le souvenir l'avait suivi toujours pendant une année d'orage et de tribulations. Mais les chagrins avaient miné ce corps robuste et le héros de l'indépendance belge mourut à Dadizeele, le 14 décembre 1792, juste au moment où les troupes de la République française s'emparaient de la Belgique, et où la Convention enjoignait à ses agents d'anéantir à la fois le culte, la liberté et les coutumes nationales d'un peuple qu'il traitait en conquis et qu'on allait forcer, à coups de sabre, au nom de la fraternité, de demander son agrégation au régime du sang et de la Terreur.

Tel fut ce grand citoyen à qui la mort épargna la douleur de voir son pays, qu'il aimait sincèrement, perdre sa nationalité et qu'on contraignit d'accepter les lois et les innovations étrangères en l'annexant à la France d'alors que Robespierre avait cru façonner à la liberté et que les excès de la démagogie livrèrent au césarisme de Bonaparte.

Plus heureux que le débonnaire Van der Noot, il ne fut pas témoin de la douleur de ses compatriotes, qui, courbés sous le joug de fer de Napoléon, regrettaient presque l'extravagant despotisme de Joseph II.

PIÈCES JUSTIFICATIVES

Van der Mersch de nos cœurs l'interprète fidèle,
Bravant de Van der Noot les plus affreux complots,
A l'univers entier servira de modèle.
Les Gaulois trouveront remède à ses grands maux.

SOUS UN PORTRAIT (1790).

Tu vois dans ce portrait un Flamand admirable,
Un citoyen paisible, un guerrier formidable,
Détenu dans les fers pour avoir protégé
L'innocence aux abois, la vertu, l'équité.
Mais que le peuple en qui le souverain réside
Ira, la foudre en main, chercher chez l'anversois
Qui, déjà confondu *et* craintif et timide,
Se repent des excès qu'il commit autrefois.

VERS

PRÉSENTÉS A MONSIEUR VAN DER MERSCH

Chevalier de l'Ordre Royal et Militaire de Saint-Louis, etc., etc., à l'occasion de son arrivée à Gand, le 31 janvier 1791.

Intrépide guerrier dont le cœur magnanime
A causé mille effrois à nos fiers ennemis
Qui, jaloux de ta gloire, ont osé faire un crime
D'aimer la Nation, ton Prince et tes amis ;
Longtemps par ton conseil le sombre fanatisme
Aurait dû ménager ses traits plus que meurtriers ;
Mais hélas ! des tyrans vrais favoris du schisme
Ont tâché vainement de flétrir tes lauriers,
Aujourd'hui, ta vertu, digne de récompense ;
Par le grand LÉOPOLD reconnue à jamais,
Se rend à notre amour pour prix de ta constance,
Qui n'aime que la loi, la justice et la paix.

VERS

PRÉSENTÉS A M. LE GÉNÉRAL

VAN DER MEERSCH

Par un de ses amis

AU SOUPER CHEZ M. DE NECKERE

A Gand, le 25 février 1790.

> Primus pro Libertate arma corripuit.
> Flor., lib. 1 cap., 10.

Arraché de ses champs, regrettant sa charrue,
Le grand Cincinnatus marche à ses ennemis,
Venge la liberté, sauve Rome abattue,
Triomphe des tyrans que son bras a soumis.

Des Belges opprimés la voix triste et plaintive
Arrache Van der Mersch aux rustiques travaux ;
Il quitte avec regret les lauriers qu'il cultive ;
La victoire le suit ; il termine nos maux.

Colon triomphateur, sauveur de la Belgique,
Les Flamands n'ont pour toi qu'un cœur, qu'un sentiment :
Ils te disent toujours... « De notre République
Van der Mersch a posé le premier fondement. »

Dans leur noire fureur des tyrans sanguinaires
Croyaient sur nos débris cueillir de vains lauriers :
Tu lèves l'étendard qui va venger tes frères ;
Cet étendard suscite un peuple de guerriers.

Interdits, arrêtés, perdus dans leurs systèmes,
Nos tyrans à tes pieds te demandent la paix (1).
Quelle gloire pour toi d'avoir dompté ceux mêmes
Qui juraient de dompter les Belges pour jamais !

Où sont-ils ? Eh ! forcés de voir dans un repaire
Sur les horreurs du joug luire la Liberté ;
Ils rugissent entr'eux du mal qu'ils n'ont pu faire,
Honteux et trop punis de ce qu'ils l'ont tenté.

Van der Mersch, ton grand nom ira de bouche en bouches,
D'âge en âge, en tous lieux, à la postérité.
Jamais la dent des ans, ni l'envie aux yeux louches
N'effaceront tes droits à l'Immortalité.

(1) *A Léon*.

VERWELKOMING

AEN ZYNE EXCELLENTIE DEN GENERAEL

VELDTUYGMEESTER

VAN DER MERSCH

Verdediger

DER VRYHEYD DER VEREENIGDE

NEDERLANDSCHE STAETEN

DOENDE ZYNE BLYDE INTREDE BINNEN

DE STAD BRUGGE

Den III. Maerte M. DCC. XC.

Gedoogt, Heer Van der Mersch, Neerlandfchen Generael,
Dat wy met eer-bewys, gepaert met bly-gefchal,
U wenfchen wellekom, en dit gedigt opdraegen :
Gy die met Helden-moed van jongs hebt d'hand geflaegen
Aen de krygs-oeffening, tot nut van Staet en Land ;
Die lyf en bloed hebt voor 't gemeene-best verpand,
En als een Scipio, den fchrik van heel Afryken,
Zoo menig oorlogs-Held hun boeld-dorft hebt doen frtyken,
En door uw wys beleyd doen fneuv'len op het Veld,
Trots Mavors tyrannye en yzelyk geweld ;
Die als Pompejus, U aen, t hoofd des Legers ftelde

En't Volk kloekmoediglyk in doods-gevaer verzelde
Schoon Gy uw Helden-bloed zag bigg'len langst het zweerd
Des Tyands, en dat men doorschoot uw Lyf en Peerd,
Noyt had Gy fchrik of fchroom, of vrees voor's Vyands knegten,
Maer't heeft U aengemoed om heviger te vegten;
Dus uwe Dapperheyd is in elks hert gedrukt,
 En uwen Naem die is den roeft des tyds ontrukt.
Het Kruys van Sint Louis, wierd op uw borft gehangen
Als Vrankryk aen U had vertrouwt zyn krygs-belangen :
En't g'heugd nog't Pruyffens Volk, dat zig vond als ontzet
Als aen hun Wal of Poart wierd g'hoord uw krygs-trompet;
Dus hebt Gy menigmael manhaftiglyk gevogten,
Waer voor uw agtbaer kruyn met Eer-loof wierd omvlogten
Nufteld Gy al uw'Magt en krygs-kunde in het werk,
Om voor het Roomfch Geloof, de Wetten van de Kerk,
En Vryheyd van ons Land, ganfch onvermoeyd te ftryden,
Om elk na zynen ftand zyn Voor-regt in te wyden,
En ons t'ontlaften van het onverdraeg'lyk juk,
Dat ons gedompeld had in weedom, fmert en druk,
Uw Leger zal eerlang ontzaggelyker wezen,
Als in het veld van Mars oyt is gezien voor dezen,
De Benden groeyen aen, men fpeurd uyt hun gelaet,
Dat hun een moedig Bloed in pols en aders flaet,
Zy willen onberoert met U hun leven waegen,
Om't lieve Vaderland voor ongeval te fchraegen ;
'Tis vrugt'loos dat de nyd, voor Helden, ramp beteyd,
Als gods almogend'Hand hun op den Eer trap leyd.
Zyt welkom Van der Mersch, en leeft nog lange jaeren,
Men wenfcht dat d'Almagt U voor onheyl zou bewaeren,
Zoo word het wel-zyn van ons Land Kloek uylgevrogt,
De Vryheyd van den Staet, en Godsdienft t'zaem verknogt,
Zoo moet de dwinglandye verfchuylen in de boffen,
En Knaegen't hert van fpyt, en zugt op zugten loffen.

Cette pièce est imprimée sur soie. En tête se trouvent les armes du général telles que nous les avons décrites. Nous avons tenu à reproduire ces strophes, en flamand, malgré la difficulté de la langue, parce qu'il nous semble intéressant de garder à la mémoire de notre héros cet hommage inspiré dans son idiome maternel.

SOUS UN PORTRAIT EN FORME DE MÉDAILLON GRAVÉ SUR PAPIER.

« Ce Guerrier généreux, ce Citoien fidèle,
» Pour sauver sa Patrie, a tout sacrifié,
» Pour prix de ses services, pour prix de tant de zèle,
» Les ingrats le renferment, Héros ! soiez vengé. »

Au-dessus de la figure sont imprimées ces lignes en prose que nous citons avec leur orthographe :

» Oui, brave homme, les vrais citoiens te chérissent et t'ai-
» ment autant qu'ils abhorent et méprisent tes lâches et vils
» Persécuteurs, tu triompheras un jour de tes Ennemis : les
» Démocrates flamands défendront ta personne, ils n'ont pas
» encore oublié ce que tu as fait pour eux ; ton image leur est
» toujours présente aux yeux, et ton nom est gravé dans leurs
» cœurs. »

DU MÊME AUTEUR.

Les Violettes de Parme, poésies, 1 vol. in-8°, Paris, 1856.
Etude sur Baour-Lormian, broch. Paris, 1856.
Mémoires de Marie-Thérèse, duchesse d'Angoulême, nouvelle édition, Paris 1858.
Mémoires de Madame Elisabeth de France, Paris 1859.
Pietro Bembo, 1858.
Le Druidisme au moyen-âge, Paris, 1874.
Légende de Saint-Marin, 1857.
Rétablissement de l'Ordre de Malte, 1858.

EN PRÉPARATION.

Louis XVIII, Etude historique.
Anne de Russie, Reine de France, Etude historique.
Bouvines, poëme héroïque.
Relation du Voyage de Paris à Bruxelles, écrite par (Monsieur) depuis Louis XVIII.

Versailles. — Imprimerie F. DAX, rue du Potager, 9.

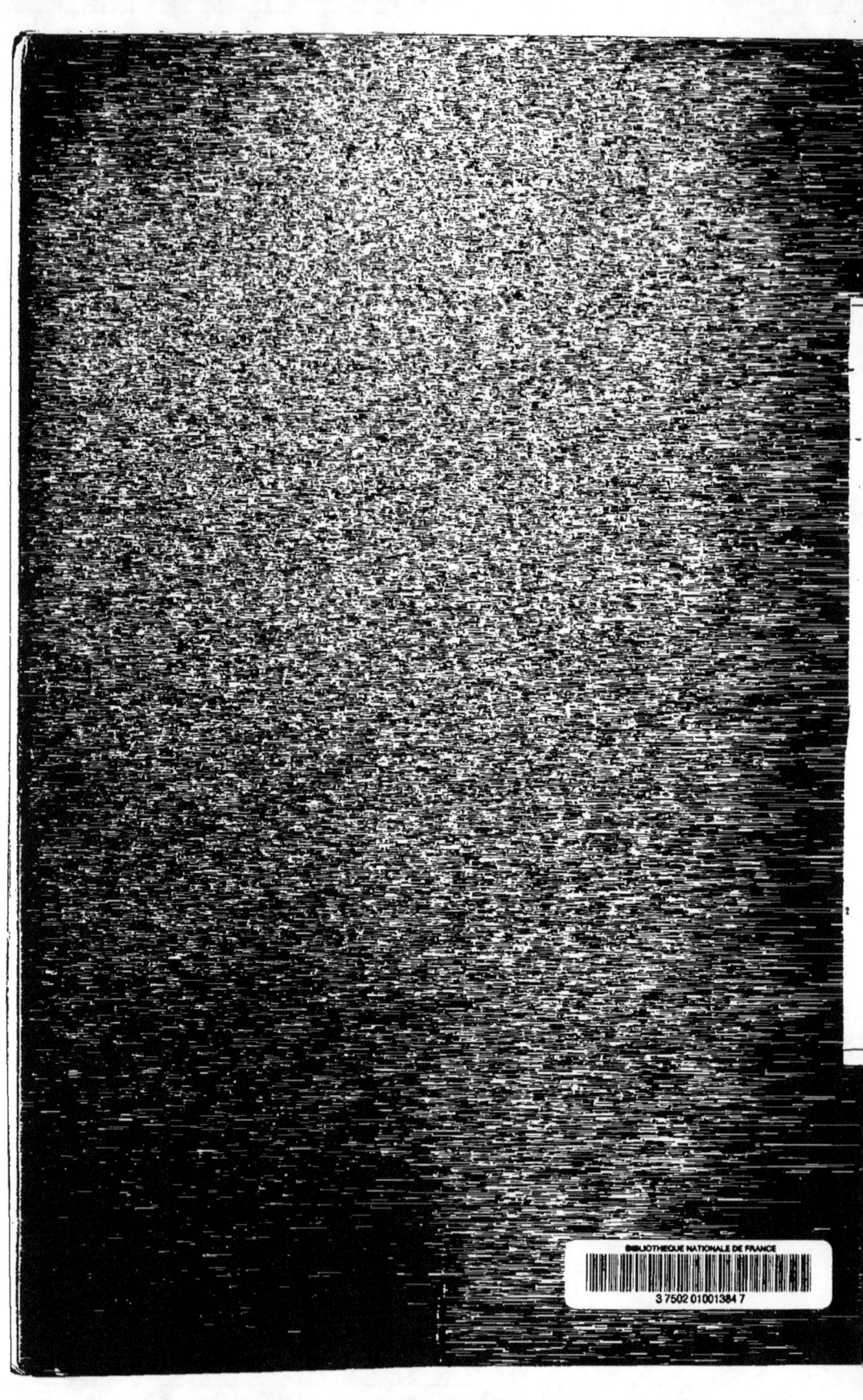

www.ingramcontent.com/pod-product-compliance
Lightning Source LLC
LaVergne TN
LVHW021702080426
835510LV00011B/1546